# Casal Orando com Casais da Bíblia

Flávio Cavalca de Castro, C.Ss.R.

# Casal Orando
## com
# Casais da Bíblia

EDITORA
**SANTUÁRIO**

Diretor Editorial:
Marcelo C. Araújo

Revisão:
Ana Lúcia C. Leite

Coordenação Editorial:
Ana Lúcia de Castro Leite

Projeto Gráfico:
Junior Santos

---

**Dados Internacionais de Catalogação na Publicação (CIP)
(Câmara Brasileira do Livro, SP, Brasil)**

---

Castro, Flávio Cavalca de
    Casal orando com casais da Bíblia / Flávio Cavalca de Castro. – Aparecida, SP: Editora Santuário, 2012.

    ISBN 978-85-369-0256-2

    1. Bíblia 2. Casais – Vida religiosa 3. Oração de intercessão – Cristianismo I. Título.

12-03485                                                 CDD-248.844

---

**Índices para catálogo sistemático:**

1. Casais: Prática religiosa: Cristianismo 248.844

6ª impressão

Todos os direitos reservados à **EDITORA SANTUÁRIO** – 2022

Rua Pe. Claro Monteiro, 342 – 12570-000 – Aparecida-SP
Tel.: 12 3104-2000 – Televendas: 0800 - 0 16 00 04
www.editorasantuario.com.br
vendas@editorasantuario.com.br

*Em memória de
Linda e Getúlio
– 1931-1986 –
em nome de
seus dez filhos,
vinte e cinco netos
e trinta bisnetos.*

# Casal Amigo,

O amor que os une e faz felizes é dom de Deus. Continuar na felicidade desse amor gratuito, preferencial, exclusivo e perene é dom divino.

Inimaginável não o agradecer cada dia, não festejá-lo num louvor alegre, não desejar ardentemente e não pedir que o Senhor o renove sempre.

Não apenas na oração individual, mas também na oração conjugal em que ambos – casal reflexo do Criador – exercem de modo privilegiado seu sacerdócio familiar. Oração conjugal que poderia levá-los à descoberta de novas riquezas, de novos jeitos de amar e de ser amados, a encontro mais íntimo com Cristo que, de tão amante e tão amável, não verá como rival seu mútuo amor.

Nestas poucas páginas convido-os a fazer sua oração de casal olhando para alguns casais da Bíblia. Não tenho a pretensão de dizer o que devem pensar, nem como devem orar, nem o saberia fazer. Quero apenas de leve sugerir algumas ideias, como quem de longe sem saber pode apenas imaginar. Quero apenas, sem compromisso, incitá-los a aprofundar a leitura do amor nas páginas sagradas, e a escrever sua versão original da bíblia do seu amor.

Meu sonho é que vocês se vejam inseridos no grande rio das gerações, portadores das riquezas do passado e plantadores do futuro. Que vocês se descubram alegres depositários e transmissores da bênção do Criador para o casal na manhã da criação.

# Eva e Adão

Gênesis 1–2

*"E Deus criou o ser humano a sua imagem; à imagem de Deus o criou: homem e mulher os criou."*

Senhor, como na primeira manhã humana, olhamos para vós. Temos no coração a explodir quase um grito de louvor alegre. Existimos; mais: vivemos; mais ainda: amamos. E a vós queremos dedicar nosso primeiro amor, a vós que nos amastes e por isso nos quisestes.

Louvado sejais, porque temos um ao outro, no amor que nos destes. Homem e mulher somos mútua pergunta e mútua inquietante resposta. Não reflexo mútuo, mas reflexo diverso do vosso próprio ser amante e fecundo. Há muito nos encontramos, mas ainda não conseguimos desvendar o mistério que nos desafia e incita, intuindo que, se nos descobrirmos, encontraremos a vós mesmo como o mais íntimo de nosso ser.

Louvado sejais, porque somos dom mútuo por vossa bondade, pobreza de um a esperar a riqueza do outro, riqueza de um a perder-se generosa na pobreza do outro. Até agora não sabemos de onde a coragem que nos levou ao compromisso de partilha total de vida por toda a vida. Sabemos apenas que deixamos pai e mãe, e nos preferimos mutuamente a todos os outros.

Louvado sejais, porque nos fizestes casal, não para que nos fechássemos na concha de um egoísmo a dois, mas para que sejamos foco irradiante de amor, fonte borbulhante de futuro. Na longa, quase infinita corrente da humanidade, aceitamos ser elo transmissor de vida para filhos do sangue, filhos do coração e da inteligência.

Como estamos sempre na primeira manhã da humanidade, olhamos ao redor, vemos tudo que nos destes, e imaginamos o quanto esperais de nós. Só não temos medo porque sabemos que, com um sorriso nos lábios, em vossa infinita confiança divina, estais conosco. Deixais que caminhemos por nós mesmos, mas, imaginamos vossas mãos em concha a nos proteger, de um lado e do outro, como quem protege pequena chama, ou a promessa de semente a germinar.

# Ela* e Noé

Gênesis 8–9

*"Este é o sinal da aliança que estabeleço entre mim e vós e todos os seres vivos que estão convosco..."*

Senhor, de mãos dadas olhamos para o futuro, por si incerto, mas que vossa promessa garante seguro. Também nós, um casal como tantos, mas único para vós, carregamos a semente do futuro. Por mais triste tenha sido o passado, por mais sombrio seja o presente, confiantes ousamos lançar ponte para o futuro. Plantamos esperanças, ainda que regadas com suor e lágrimas, e sabemos que haverá de germinar um dia a nova humanidade.

Sabemos como é grande a fraqueza humana e nossa inclinação para o mal. Não temos a ilusão de esperar que, por nós mesmos, possamos fazer brilhar o arco-íris da paz e da prosperidade. Nos-

---

\* Não sabemos qual era seu nome. Seja, pois, *Ela*.

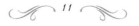

so barco já foi por demais açoitado pelas ondas, mas ainda flutua, porque vós sois como garoto que corre ao longo da enxurrada na calçada, e não deixa afundar o barquinho de papel.

Senhor, já recomeçamos muitas vezes, e vamos continuar começando sempre de novo, num teimoso remar. Temos de ir em frente, porque há muitos que dependem de nós para viver e não apenas continuar existindo. Às vezes o cansaço é grande, mas não podemos deixar de plantar as vinhas, do contrário não haverá vinho, nem o amor, nem a festa.

Diante de nós o mundo ainda goteja com as águas de tantos dilúvios. É preciso drenar. Arar abrindo longos e pacientes sulcos. Nossa mão deve ser generosa ao lançar sementes, até onde nossos braços alcançarem. Temos de novamente acender o fogo, para que lares continuem existindo. E haja janelas iluminadas para os que vêm à noite, portas abertas para o aconchego, mesas postas e um cantinho sempre disponível.

Senhor, diante de vós, queremos ser casal que aceita, sem perguntas, a aliança pela vida.

# Sara e Abraão

Gênesis, 12–21

Senhor, vós nos chamastes de longe, que é sempre longe o de onde saímos. Éramos longe um do outro, de famílias diferentes, de gostos e jeitos, cultura e formação muito diversos. Vós nos chamastes e tornamo-nos próximos, distintos, mas capazes de nos compreender.

Vós nos chamastes de longe, Senhor, e quando nos aproximamos de vós chegamo-nos um ao outro, e quando próximos um do outro também nos descobrimos mais perto de vós.

Vós nos chamastes, atendemos ao chamado, e começou nossa aventura. Não tínhamos ideia de como seria nossa vida, quais seriam nossos caminhos e atalhos, qual o destino para o qual nos levaríeis. Foram surpresas, uma a uma seguidas, sem nos permitir acomodação. Foi um contínuo mudar e mudar-nos, com a tenda montada por uma noite, para de manhã juntar a tralha toda e continuar para a frente. Mesmo que nossa casa seja a mesma há muito tempo, nós nunca fomos sempre os mesmos, nossos dias foram sempre surpresas renovadas, nosso amor foi sempre flor nascida cada manhã; nascemos e morremos cada dia para no amanhã nascer de novo.

Vós nos chamastes, Senhor, com nossos sonhos e anseios. Queríamos um ao outro, queríamos um lar, filhos ou pelo menos um, sonhávamos até com netos, e para eles plantamos árvores por onde passamos. E nada foi como imaginamos. Íamos dizer que... não, não é verdade. De fato tudo foi e é muito mais do que poderíamos imaginar.

Tudo mudou, nós mudamos, mas porque estais conosco a caminho, nosso amor não mudou. De tanto repassar, nossos passos de amor foram aprofundando o trilho, já agora tão marcado que o podemos sentir e seguir mesmo no escuro.

Vós nos chamastes, Senhor, e de começo pensamos que estáveis pensando somente em nós. E agora já aprendemos que, ao nos chamar e ao nos unir, estáveis pensando em muitos, mais numerosos que as estrelas do céu e os grãos de areia nas praias.

# Melca e Nacor

Gênesis 11,29

*"Abrão e Nacor casaram-se [...] a mulher de Nacor chamava-se Melca, filha de Arã..."*

Senhor, formamos uma só família, estamos ligados de perto a tanta gente. E, no entanto, quanta diferença entre nós. Ao que parece, tendes planos personalizados para cada um, para cada ramo de nosso parentesco, sendo difícil imaginar o que afinal quereis e para onde nos conduzis. Nós e nossos filhos somos uma família igual e ao mesmo tempo muito diferente da família de nossos pais, irmãos ou cunhados. Temos nossas qualidades e nossos defeitos que nos são próprios, que nos marcam e distinguem, apesar do mesmo sobrenome que levamos.

Aceitamos o desafio que nos apresentais; não queremos copiar nem repetir. Arriscamos fazer nossa própria família, com sua feição própria, diferente, sem pretensão de ser melhor, mas também sem medo de ser pior. Queremos fazer nosso próprio caminho, lançar nossas pontes para o futuro, deixar nossa marca no rosto da humanidade. Queremos viver do nosso jeito o amor que nos confiastes, e ensiná-lo aos filhos, netos e bisnetos que nos quiserdes confiar.

Nós dois somos únicos, única é nossa família, que queremos seja pedra especial e singular no grande mosaico que planejastes, que começou não sabemos quando, nem sabemos quando estará pronto para ser painel monumento de vosso amor paterno-materno. Estamos à escuta, Senhor, e queremos estar prontos, de bagagem arrumada, dispostos a ficar ou a partir, moradores de tendas fáceis de desarmar e novamente erguer, sabedores que somos apenas peregrinos atravessando desertos a caminho sempre da pátria.

Fazei nossas trilhas convergentes para o lar futuro e definitivo, por mais numerosos que sejam os desvios e os atalhos inesperados. Ensinai-nos a não querer ter sempre à nossa sombra os que de nós nasceram, que nossas portas estejam sempre abertas para que possam voar para sua própria aventura; portas sempre abertas também para quando quiserem voltar para um breve reencontro com as saudades deixadas.

# Rebeca e Isaac

Gênesis 24,67

*"Isaac introduziu Rebeca em sua tenda [...] ela se tornou sua mulher e ele a amou."*

Isaac saiu para passear e, ao pôr do sol, viu que chegavam os camelos da caravana que trazia o amor para sua vida. Senhor, nós nos lembramos muito bem da tarde, da manhã ou da noite quando nos encontramos e descobrimos, como Isaac e Rebeca, como se tudo fosse novo e nunca tivesse acontecido antes. Começamos a ser, um para o outro, surpresa, consolo e descanso, apoio. Foi o que nos permitiu enfrentar a vida e a ventura de gerar novas vidas. Se fomos um para o outro surpresa, surpresas maiores sabíamos que nos trariam os filhos, todos tão diferentes porque modelados um a um por vossas mãos de oleiro artista.

E as surpresas logo vieram. São essas surpresas, Senhor, que hoje vos queremos agradecer.

É certo que nos trouxeram preocupações; mais ainda, porém, foram para nós desafios e estímulos, obrigando-nos a crescer. Modificaram nossos projetos prudentes e tímidos. Com eles pudemos ser de novo crianças, adolescentes e jovens; de novo descobrimos o amor com novos sabores. Ficamos sem saber o que fazer quando deram os primeiros passos, conseguiram chegar de bicicleta até a esquina, tiraram o carro da garagem, trouxeram para conhecermos o amor apenas desabrochado, partiram para longe tentando seguir o caminho que lhes mostrastes.

Alguma coisa podemos imaginar de seu futuro, mas ignoramos a maior parte do que virão a ser. Confiamos que os fareis acertar o rumo final, chegar aos cumes depois de muitos vales. Cuidai deles, que são mais vossos do que nossos.

Sabemos que nos comprometemos com o futuro ao assumir a geração de novas vidas. Depois deles outros continuarão o caminho que recebemos dos que o trilharam antes de nós. De um modo ou de outro, nossos descendentes serão mais numerosos que as estrelas do céu. Pedimos apenas, Senhor, que eles e elas sejam bênção e alegria, sementes que façam reflorir o paraíso que ainda, de todo jeito, procuramos.

# Raquel e Jacó

Gênesis 29,18

*"Eu te servirei sete anos, para ter por esposa Raquel, tua filha mais nova."*

Senhor, nosso amor fazia tudo parecer tão simples e brilhante. Parecia tão fácil dar-nos bem entre nós e enfrentar a falta de dinheiro e o aperto do apartamento; não haveria doença, só dias de sol; teríamos filhos se quiséssemos e quando os quiséssemos. Nosso amor dizia que tudo seria fácil. E em grande parte acreditamos. Só não nos demos mal porque soubestes lentamente fazer-nos sábios.

Aos poucos nos ensinastes a sabedoria da vida, a arte de misturar na medida certa ousadia e prudência, o salgado com o doce, o riso com o pranto. Sobrevivemos e crescemos. Aprendemos a nos adaptar à família do outro, conquistamos novo par de pais, um punhado de irmãos e irmãs, aprendemos a amar os filhos que nos destes, sem deles nos apossar. Para dizer a verdade, Senhor, se o amor nos fazia pensar que a vida seria fácil, o amor acabou fazendo nossa vida muito melhor do que tínhamos imaginado.

Hoje, queremos olhar para trás, alegrando-nos com tudo, quase até com nossos erros que nos ensinaram, com as pequenas vitórias que agora, mais maduros, sabemos terem sido grandes porque grande era nossa inexperiência. Sem termos ido longe, foram tantas as aventuras e venturas vividas casa adentro, venturas e aventuras que só nós conhecemos e avaliamos bem. Muitos nos disseram palavras que pareciam prudentes, mas que, por vós seduzidos, esquecemos para seguir vossas propostas que diziam loucas. Não nos arrependemos. Foi bom seguir vossos convites, que às vezes pareciam decepcionantes, mas que bem ou mal arrancaram de nós muito mais do que poderíamos imaginar. Nossos rostos trazem marcas, mas hoje somos muito melhores do que antes, capazes ainda de sonhar, e muito mais felizes do que esperávamos.

Só nos resta agradecer-vos tudo isso, esses poucos muitos anos lado a lado, ou melhor, um no outro, porque foi ali que mais de perto vos encontramos, para em vós tudo e todos encontrar do jeito certo.

# Asenet e José

Gênesis 41,45

*"O Faraó deu a José o nome 'Deus diz: Ele vive', e deu-lhe como esposa Asenet, filha de Putifar, sacerdote de On."*

Senhor, assim termina bem a aventura de José, vendido pelos irmãos, prisioneiro sem esperança, e que foi feliz para sempre com Asenet, a esposa que lhe destes. Na verdade, não se trata de aventura apenas de José, porque menor não foi a aventura de Asenet, que nunca teria imaginado o que lhe reservastes. Aliás, também para nós o casamento foi aventura, pelo desafio e pelas descobertas.

Vínhamos de famílias diferentes, para não dizer de mundos diferentes; por mais que nos conhecêssemos, começávamos apenas a desvendar nossos mistérios; tínhamos conversado bastante, mas não o bastante para dizer tudo que haveria a dizer. Mas, nos amávamos, mesmo ainda não sabendo bem que o amor vinha de vós, e que nos levaria por caminhos que vós, antes de nós, tínheis imaginado. Como todo caminho, também o nosso revelou-se aos poucos na sucessão das curvas que nos levavam para novos horizontes. Assim não nos espantamos, porque as surpresas vinham aos poucos, quando já estávamos quase preparados.

Nesta altura da jornada, Senhor, vemos que nos preparastes bom roteiro, fontes na distância exata, pouso, pão, abrigo. Só temos de agradecer--vos esses cuidados tantos, esses carinhos que nos deixaram com mais vontade de vos amar.

Isso nos faz olhar para o futuro sem grandes medos, sabendo por experiência que em vós podemos confiar. Só pedimos que não nos deixeis largar de vossa mão. Amparai-nos, senão caímos. Iluminai nosso caminho, senão tomamos atalhos de trevas. Caminhai conosco, falai-nos pela estrada, e nosso coração haverá de se aquecer ao fogo do vosso.

Ao cair da tarde não estaremos sós, pois ficareis conosco para a ceia, nossa ou vossa, não sabemos, e ficaremos a conversar por longo tempo. Quando percebermos, o horizonte já não terá o vermelho fogo do dia que se vai, mas o dourado vitória do dia que nasce. Dia sem tarde, nem partidas, nem acenar de mãos.

# Jocabed e Amram

Êxodo 6,20; Números 26,59

*"Amram desposou Jocabed, sua tia, que lhe deu Aarão e Moisés."*

Nós nem sabíamos o nome desse casal, que deve ter chorado tanto ao deixar seu menino bonito, como diz a Bíblia, a boiar na beira do Nilo. Mesmo com nomes tão estranhos, tão iguais a nós. Pois que eles e nós, e todos os casais, encontramos dias e noites bem difíceis, quando todas as esperanças parecem levadas pelas águas. Vemos como somos fracos, mas percebemos como estais perto, de mão estendida, pronto a nos ajudar com a força do amor que nos destes. Vosso amor e nosso amor – serão diferentes? – dão-nos a coragem do sorriso e a ousadia do passo adiante e acima.

Senhor, que o passado nos ensine a nunca imaginar que estamos sós, esquecidos por vós, enquanto as águas sobem. Cremos em vosso amor, no cuidado que tendes por nós, mais do que pelos passarinhos ou pelas flores do campo. Confiamos em vós, entregamo-nos tranquilos aos vossos braços paternos, ao vosso amor muito maior que o de todas as mães.

Hoje de modo especial vos queremos confiar nossos filhos e filhas, perdão, vossos filhos e filhas que nos confiastes. Vós os conheceis e amais muito mais do que nós, e muito mais podeis guiar seus passos, aquietar seus corações, saciar-lhes a sede de amor e a fome de felicidade. Às vezes não os compreendemos, e por isso pedimos: abri nossas cabeças, ou fazei que sejam eles mais sensatos. São muitos e sutis os perigos que os cercam; não os podemos conservar para sempre na redoma do lar. Cuidai, então, de fazer por eles o que não podemos ou não sabemos. Se pudermos pedir apenas uma coisa, pedimos que lhes façais brotar no coração um amor muito grande e muito sábio, que os leve a vós e os faça felizes demais. Nós os entregamos ao rio da vida, aos remoinhos traiçoeiros. Fizemos o que podíamos, tratamos de calafetar a cesta; o resto é convosco, Senhor. Cuidai deles.

# Séfora e Moisés

Êxodo 2,21; 18,2

*"Quando Moisés mandou sua mulher Séfora de volta, Jetro, sogro de Moisés, recebeu-a junto com os dois filhos."*

Imaginamos o que passou pelo coração de Séfora quando viu Moisés que se afastava pelo deserto, saindo para a tarefa estranha que lhe fora confiada. Senhor, bem sabeis quanto nos amamos. Tanto que quisemos conviver, morar junto, para estarmos sempre perto um do outro. Isso faz parte da felicidade que nos reservastes. Queremos, porém, ser realistas. As condições de vida agora podem de uma hora para outra exigir uma separação mais ou menos longa entre nós. Ou apenas durante a semana, voltando a ver-nos apenas sábado e domingo, ou durante períodos mais longos. Queremos preparar-nos para essa eventualidade. Sabemos que um distanciamento temporário pode corroer ou fortalecer o relacionamento e a convivência. Por isso pedimos que, enquanto possível afasteis de nós a necessidade de ficar longe um do outro, conservai-nos na mesma casa, já que nos fizestes casal. Mas, se não houver outro jeito, aumentai o nosso amor, para que estejamos sempre conectados pelo pensamento e pelo coração. Que a distância apenas aumente nossa sintonia, e aprofunde nosso conhecimento mútuo, de modo que baste fechar os olhos e já nos estejamos vendo à distância, comunicando-nos sem necessidade das últimas novidades digitais.

Sabeis que muitas vezes nosso coração ficará apertado, suspirando pela presença de quem a simples lembrança não basta. Nessas horas, ajudai-nos a aprofundar nosso amor, que se torne sempre mais forte e mais capaz de vencer tudo quanto ameace separar-nos. E principalmente, Senhor, fazei tão forte esse amor que seja capaz de enfrentar mesmo a grande provação, quando afinal poderemos saber se é mais forte que a morte, e capaz de continuar pulsando à espera do grande reencontro e da realização plena da união pela qual sempre ansiamos.

# Isabel e Aarão

Êxodo 6,23

*"Aarão casou-se com Isabel, filha de Aminadab, irmã de Naasson, a qual lhe deu à luz Nadab, Abiu, Eleazar e Itamar."*

Senhor, escolhestes a família de Aarão e Isabel para ser uma família sacerdotal, dedicada ao culto do povo de Deus. Pelo batismo e pelo matrimônio também nós dois fomos constituídos como sacerdotes, participantes do sacerdócio de Jesus. Assim consagrados por uma dupla unção, podemos e devemos oferecer-vos continuamente nosso culto de adoração, louvor e súplica. De modo especial o devemos fazer no santuário de nosso lar, no altar de nosso leito matrimonial e de nossa mesa familiar, no tabernáculo de nossa sala de estar.

Ajudai-nos para que toda a vida de nosso lar seja um grande salmo de louvor e de agradecimento, bênção generosa sobre toda a humanidade. Sabeis que numa casa de família em vez do som do órgão há mais vezes o choro de crianças; em vez de longas preces, as recomendações apressadas aos adolescentes; em vez de abluções rituais, fraldas trocadas e banhos repetidos; em vez de solenes procissões, correrias e móveis derrubados nas brincadeiras tumultuosas; em vez de... bem, Senhor, sabeis como é um tanto caótico nosso templo doméstico. Mas não faz mal, pois ali estais presente sempre, imaginamos que com um sorriso em vossos lábios paternos.

Ensinai-nos a celebrar dignamente essa liturgia tão pouco monástica, para que em nossa casa estejam sempre a alegria e a paz, a concórdia e a ternura, o trabalho digno e a partilha generosa. Que os cilícios da convivência nos ajudem a aparar as arestas; que o carinho do ambiente nos ajude a sarar os machucados que trazemos do mundo; que a convivência simultânea e sucessiva de idades seja nossa escola de sabedoria.

Afinal, Senhor, pedimos que vossa presença seja nuvem luminosa sobre nossa tenda familiar, pois isso fará mais leve e protegida a caminhada no êxodo, na saída contínua que nos propondes cada dia.

# Débora e Lapidot

Juízes 4,4

*"Naquele tempo era juíza em Israel uma profetisa, Débora, mulher de Lapidot."*

Senhor, lendo a história de Débora, e vendo sua importância na história do povo, ficamos imaginando como seu marido, o Lapidot, reagiu. Em nossa vida enfrentamos situações pelo menos parecidas. Com vossa ajuda fomos superando a tendência à competição, algumas tentações de ciúme, alguns traços de inveja. Aprendemos que precisa deixar espaço ao outro para decisões e iniciativas, sem tentar sufocá-lo com sugestões contínuas, ainda que bem intencionadas.

Hoje confiamos bem mais no companheiro, acreditamos em sua capacidade, e até nos orgulhamos com seus êxitos. Mas continuamos precisando de vossa ajuda, porque a tentação de interferir continua presente, e nem sempre nos lembramos de dizer um ao outro como nos alegramos com o que faz, o quanto admiramos sua capacidade.

Estamos ainda tentando aprender a resolver entre nós as diferenças, sem envolver outras pessoas, principalmente nem os filhos, nem nossos pais. Dai-nos a sabedoria do diálogo, para que, antes de discordar, procuremos olhar com muita simpatia e compreender com muito amor o que o outro nos diz. Que nossa preocupação seja decidir bem, ainda que nem sempre logo. Que nossa prudência seja temperada pela coragem, e que saibamos deixar o caminho batido sempre que preciso. E aceitar que um ou outro tenha de, às vezes pessoalmente, enfrentar desafios inesperados. Fazei que nosso amor seja forte o suficiente para continuarmos casal, unidos pelo olhar, ainda que nossas mãos não se alcancem.

Senhor, agradecemos por sermos tão diferentes e, por isso mesmo, capazes de nos ajudar e de oferecer aos outros uma ajuda diferenciada. Cantamos a mesma canção, mas a duas vozes; seguimos o mesmo caminho, mas nossos passos não são iguais, nem precisam sobrepor-se.

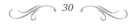

# Ela e Manué

Juízes 13,6-8

*"Então Manué suplicou a Javé: 'Meu Senhor, que o homem de Deus venha de novo e nos diga como devemos educar o menino'."*

Senhor, pelo jeito o casal era idoso, não tinha experiência no lidar com crianças, e menos ainda sabia como cuidar de um filho especial. Para dizer a verdade, cada filho é especial, é experiência nova, e pouco ajuda a antiga. Sem falar das surpresas sempre renovadas que cada filho, não importa quantos, nos traz ao longo dos anos. Hoje vos queremos agradecer essas surpresas e esses desafios, que nos obrigaram a nos renovar e reinventar. Hoje somos diferentes, porque colocastes em nossa vida essas vossas surpreendentes criaturas. Obrigaram-nos elas a amadurecer e a crescer no amor, levaram-nos a descobrir o sabor da abnegação generosa, e ensinaram-nos que a alegria é possível sempre, mesmo entre lágrimas.

Logo descobrimos que não cabe a nós traçar o rumo de sua vida, porque tendes lá os vossos planos. Alegramo-nos com suas realizações, compreendemos e aceitamos seus revezes, ainda que um tanto decepcionados, sabendo que seu futuro continua em vossas mãos. Agradecemos vossos cuidados com eles. De longe acompanhamos o que andam fazendo, e como é bom quando alguém nos vem elogiá-los. Podemos até imaginar o que sentis quando nós, filhas e filhos vossos, fazemos alguma coisa certa.

Voltando a Manué e sua esposa, ficamos imaginando o que pensaram quando o coração do filho de seus sonhos foi roubado por uma mulher. De certo também eles pensaram, como nós, que nenhum par é bom o bastante para quem criamos com tanto cuidado. Isso nos faz lembrar que noras e genros também são como os filhos e filhas, surpresas que só podemos aguardar com certa ansiedade. Mas, Senhor, seja lá como for, agradecemos filhos e filhas, genros e noras que vieram, ou ainda virão, a modificar nossa vida. Esperamos que para melhor. Amém.

# Noemi e Elimelec

Rute 1

*"Um homem de Belém de Judá foi morar nos campos de Moab, com sua mulher e seus dois filhos."*

Ainda nos tempos antigos de Israel, o casal Noemi e Elimelec era de Belém. A fome obrigou-os a ir para o estrangeiro com seus dois filhos. Ali Noemi perdeu o marido e os dois filhos, ficando apenas com suas duas noras. Fome, mudanças, viuvez, perda de filhos, não sabemos, Senhor, o que nos reserva o futuro. Procuramos ser previdentes e cuidadosos, mas sabemos e aceitamos que dependemos de vossa providência para poder enfrentar os imprevistos. Confiamos em vós e temos certeza que tudo fareis para nosso maior bem.

Ajudai-nos a viver agora de modo que, quando chegarem as tempestades e as privações, quando a morte trouxer separações, não percamos a esperança nem a alegria de viver, certos que temos sempre vossa presença, a garantia de vosso amor e a promessa de uma vida feliz para sempre. Fazei-nos uma família unida, e a caminhada será sempre mais fácil se nos apoiarmos mutuamente. Dai-nos compreensão e tolerância quando a diversidade entre nós ameaçar nossa concórdia. Nossa família já se ampliou ou ainda irá acolher genros e noras, pessoas diferentes de nós, com as riquezas e limitações de outros ambientes familiares. Que os saibamos acolher como riquezas e não como obstáculos ou concorrentes ao amor que sempre nos uniu.

Senhor, fizestes de nós um casal, e isso nos enche de alegria. Mas não queremos imaginar que estaremos sempre juntos por aqui. Infalivelmente chegará a hora em que, na estrada da vida, um de nós se adiantará e dobrará antes do outro uma curva lá adiante. Quem ficar para trás, fazei que continue mesmo sem ver o outro, mas sabendo que ali está um pouco mais adiante, tendo no coração o amor de sempre. E à espera para que, na festa do amor definitivo, o casal possa de novo unido perder-se no amor da Trindade.

# Rute e Booz

Rute 2–4

*"Booz disse a Rute: Não vás, minha filha, colher espigas caídas em outro campo."*

A seu modo, a história de Rute e Booz é uma história de amor. Rute era uma estrangeira de bom coração, viúva, fiel companheira de sua sogra Noemi. Apareceu na vida de Booz e conquistou-lhe o coração. E porque se amaram, entre seus descendentes nasceu Jesus de Nazaré. Quem o poderia imaginar?

Quem poderá imaginar, Senhor, o que tínheis em mente quando nos colocastes um no caminho do outro, ou melhor, um no coração do outro? Podemos apenas ficar a imaginar, olhar perdido ao longe, como criança que aperta ao peito o brinquedo recebido. Se o amor é bênção, alguma coisa quereis de nós; antes, alguma coisa quereis para nós. Sem dúvida, em primeiro lugar pensastes em nossa felicidade e em nossa realização de homem e mulher. Na certa, porém, pensastes também nos filhos do sangue e do amor que haveriam de brotar de nós, amados e escolhidos desde sempre por vós. Que serão esses homens e essas mulheres, quando já ninguém sequer se lembrar de nosso nome? Que marcas deixarão no mundo, que colheitas levarão para a eternidade?

Insondáveis vossos planos, Senhor. Sem tentar desvendá-los, queremos só deixar que a alegria tome conta de nós, e que faça brotar um sempre renovado canto de gratidão. Bendito sejais, que nos escolheis, pobres vasos de argila, para oferecer a aventura da vida a tantos e tantas mais numerosos do que podemos pensar. Colocai em cada um deles a mesma chama que fizestes queimar em nós, que saibam por que e para que viver a vida. Que entre eles haja sempre continuadores de Jesus de Nazaré, fatores e canais de renovação e salvação.

Estamos alegres e felizes, Senhor, porque nos fizestes casal, porque nos destes um ao outro, porque nos destes a tantos outros. Não sabemos o tamanho de nosso futuro, nem os caminhos por onde nos levareis. Mas estamos tranquilos, porque caminhos e futuro estão em vossas mãos. Nada precisamos temer.

# Ana e Elcana

1 Samuel 1,8

*"A Ana dava uma porção dupla, porque a amava, embora Javé a houvesse tornado estéril."*

Senhor, há muitos motivos possíveis a levar um casal a desejar o nascimento de uma criança. Se nos perguntais qual foi ou qual é o nosso, não seria fácil responder. Afinal, o motivo nunca é um só; são antes muitos os motivos que se entrelaçam e formam uma teia complicada de anseios generosos com outros mais interesseiros. Há o desejo ancestral de transmitir vida, de perpetuar-nos para além da morte, de formar uma família que seja feita a nossa imagem. Para dizer a verdade, falamos até do privilégio que é gerar alguém para um destino eterno.

Neste momento, aqui estamos os dois, o casal que formastes, para vos agradecer a fecundidade com que nos enriquecestes para gerar filhos da carne ou do coração, mas sempre filhos do amor.

Sois a fecundidade plena e total. Só podemos ficar surpresos ao ver como quereis fazer-nos participantes do amor que vos faz fecundo. Adoramos em silêncio vosso poder criador e vossa bondade tão grande, muito maior que a de todos nós pais e mães. Adoramos, louvamos e agradecemos o dom que nos destes, e assumimos alegres a tarefa que nos confiais.

Mais ainda nos alegramos por saber que os filhos que nos destes, e que de certo modo vos demos, de um modo ou de outro serão instrumentos vossos para a transformação do mundo. Fazei-os instrumentos ágeis e leves, que não dificultem nem retardem vossos toques de artista na obra que planejastes. Dai-lhes coragem e persistência quando a tarefa lhes parecer difícil demais, e que não desanimem se preverem que devem deixar o acabamento para geração seguinte.

De nossos filhos, Senhor, nós vos queremos fazer nossa grande oferta no altar de nossa vida. Que eles e nós estejamos sempre atentos para atender ao vosso chamado.

# Ana e Tobit

Tobias 1,9

*"Chegando à idade adulta, casei-me com uma mulher de minha parentela, chamada Ana."*

Senhor, o casamento é partida para exílio e, ao mesmo tempo, encontro de uma pátria. Deixamos nosso lar de origem, a convivência de longos anos com pessoas amadas, para formar um novo lar com uma pessoa amada de um jeito novo. Ana e Tobit que o digam. A decisão só nos foi possível porque um amor mais forte nos arrastava, e porque nele víamos um chamado vosso para descobrir novos horizontes.

Seguimos vosso chamado, e aventuras não nos faltaram, nem desafios. Tínhamo-nos, porém, um ao outro, e isso tornava tudo mais fácil. Até o ajustamento entre duas personalidades diferentes, e entre duas histórias pessoais, que aos poucos se deviam fundir para uma nova, a do casal.

Hoje, olhando para o passado, de muitos (ou poucos) anos só nos resta agradecer. Graças vos damos pelas lutas e dificuldades, pelo dinheiro curto, pelos problemas de saúde, por tantos fatos, até pelos desencontros entre nós. Vemos agora que tudo acabou servindo para nos fazer crescer em nosso amor conjugal e em nossa entrega em vossas mãos. Já somos capazes de colocar em vós confiança maior do que antes, quando ainda não tínhamos experimentado vossa providência amorosa.

Mais ainda vos agradecemos os bons momentos vividos, as alegrias, o prazer e a realização que nos destes. E muito, muito mais agradecemos a descoberta que pudemos fazer do amor entre homem e mulher como caminho de união mais plena convosco. Sentimo-nos privilegiados e acarinhados por vós.

Os anos vão passando, Senhor, somos diferentes do que éramos, mas o amor faz que nos achemos, um ao outro, melhores, mais belos e mais queridos. Se podemos fazer um pedido, queremos que essa nossa vida não acabe na melancolia das tardes, mas no colorido da manhã de um novo dia onde nosso amor será pleno afinal.

# Ela e Isaías

Isaías 8,18

*"Eis-me aqui com os filhos que Javé me deu: somos sinais e preságios em Israel, enviados por Javé..."*

Para Isaías seu casamento e seus dois filhos tinham um valor simbólico, eram parte de sua missão. Também para nós dois o casamento e os filhos que nos destes têm valor simbólico, são para nós mensagem do Senhor, e fazem parte da mensagem que devemos passar a outros.

Fomos amados e escolhidos por vós, que nos chamastes para a aliança do amor matrimonial como caminho para a aliança definitiva. Fomos unidos pelo amor, para aprender a unidade de coração e de mente, que nos prepare para a unidade final na imersão total em vós, Pai, Filho e Espírito. Temos os filhos que nos foram confiados, cada um dizendo-nos a seu modo que sois bom e ainda existe esperança, ou melhor, certeza de dias melhores.

Senhor, ajudai-nos a viver intensamente nosso matrimônio, a paternidade e a maternidade, e seremos diante de todos demonstração de vosso amor, da bondade imensa com que nos quereis felizes. Sem alarde nem muitas palavras, indo simplesmente de mãos dadas pela vida, seremos anúncio de um mundo novo e mais alegre, e de um lar definitivo.

Não permitais que os perigos nos amedrontem, nem que as dificuldades nos derrotem. Sabemos e aceitamos que nossa realidade humana seja agora marcada por doenças, separações, carências e lutas. Não pedimos que nos livreis dessas cruzes que nos unem a Cristo. Pedimos apenas que nos guardeis do mal e da mentira, que nos conserveis na esperança confiante, e que tenhamos a felicidade que nada nos pode roubar.

Nestes nossos tempos, difíceis como todos, fazei de nós um sinal de esperança alegre. Ajudai-nos a viver nosso casamento de modo que os céticos acabem vendo que o amor é possível, que a fidelidade não é peso, que a vida não é aventura sem sentido.

# *Ela e Ezequiel*

Ezequiel 24,16

*"Filho do homem, vou tirar-te de improviso aquela que é a delícia de teus olhos..."*

Porque nos amamos, Senhor, podemos imaginar o que sofreu vosso profeta ao receber essa mensagem anunciando a morte de sua amada. Como foi triste aquele dia, até que à tarde Ela se foi. Por que fizestes isso com o pobre Ezequiel?

Vós que nos dais um amor que nos ilumina a vida, e nos faz compreender-vos um pouco mais, também nos dais com o amor sensação aguda da precariedade da vida. Gostaríamos que o caminho fosse sem fim, que o dia fosse sem tarde, que pudéssemos estar aqui sempre juntos. Sabemos, porém, que pouco adianta iludir-nos. Por mais que dure nossa vida a dois sendo um, de improviso cai a tarde, fecham-se os olhos, e sobra apenas o amor vivido, que se faz semente do amor sonhado como eterno.

Esse amor vivido, que se faz semente de amor eterno, é que nos salva da frustração, e nos faz ter certeza da aliança eterna que nos espera à luz da Trindade. Caminho bom não é o caminho eterno, mas o que nos leva para casa. Tarde ou noite são apenas promessa de outro dia. Amor bom é o que não se cristaliza, mas se faz janela para podermos ganhar horizontes, que sabe ser por enquanto apenas promessa do que esperamos sem saber muito bem como será.

Aceitamos, Senhor, e compreendemos que a doçura do amor traz sempre consigo um travo e não satisfaz de todo, para não nos iludirmos pensando que é só isso que nos ofereceis. Por mais que nos amemos, não somos capazes de saciar toda a fome de amor que nos arrasta. Somente vós podeis matar a fome que nos devora, e, enfim saciados, nosso amor será para nós suficiente, porque, afinal reflexo de vosso amor.

Por fim, Senhor, temos certeza que nunca nos haveis de tirar a "delícia de nossos olhos". Quando muito, a escondereis por breve tempo, para depois a devolver mais cativante ainda.

# Susana e Joaquim

Daniel 13

*"Vivia em Babilônia um homem chamado Joaquim, casado com Susana, filha de Helcias, mulher de rara beleza..."*

A historieta bíblica começa como um conto de amor, falando de um casal feliz, para logo tomar ares de tragédia. Conhecemos, Senhor, algumas histórias semelhantes de casais felizes vítimas da maldade de alguém. Maldade que se manifesta de muitas formas, mas que sempre leva a muito sofrimento. Hoje, queremos orar por esses casais que veem seu amor ferido por intervenções imprudentes ou malvadas, por calúnias ou insinuações.

Há casais felizes que estão quase pondo a perder seu amor, por sua própria imaturidade, por não ter a coragem de amar cada vez mais, à medida que a vida avança. Ajudai-os a compreender que amar é querer e escolher, é perdoar e compreender, lembrar sempre e esquecer muitas vezes. Dai-lhes a sabedoria de confiar tranquilamente um no outro, conversando no momento certo para desfazer equívocos e subentendidos.

E quando, Senhor, se descuidarem, lembrai--lhes que precisam de vós para vencer as dificuldades e evitar os perigos. Ensinai-lhes que, muitas vezes, o jeito melhor de chegar ao consenso é cada um vos dizer ao ouvido o que está pensando e querendo. Afinal, sois vós o caminho mais curto entre dois corações, e mais que eles conheceis o segredo dos atalhos mais curtos para o reencontro.

Mas, voltando à novela de Susana e Joaquim, bem que podemos aprender que, se formos teimosamente fiéis a vós, jamais nos abandonareis, por maiores que sejam as dificuldades. De um jeito ou de outro, por caminhos que só vós conheceis, havereis de nos proteger e salvar. É isso que vos pedimos, Senhor, que estejais conosco nos momentos alegres e quando estrondar a tempestade.

# Tobias e Sara

Tobias 6,20

*"Quando Tobias [...] soube que Sara era sua irmã, parente da família de seu pai, enamorou-se de tal modo que seu coração não podia separar-se dela."*

Senhor, conosco aconteceu a mesma coisa. Enamoramo-nos de tal modo que nossos corações não se podiam separar. E não era chama fugaz, pois ainda arde depois de tantos anos. Foi essa uma graça especial entre tantas que nos concedestes na vida. Colocastes em nós um pouco do vosso amor imenso, amor gratuito, que se quer para sempre, amor-porque-sim. Amor que se quer para sempre, mas que não será sempre a menos que vossas mãos em concha o protejam das rajadas.

Outros já o disseram, mas na verdade achamos que nos fizestes um para o outro, que no outro vos escondestes para nos seduzir para caminhos mais altos. Ainda não entendemos os caminhos percorridos, nem sabemos como convergiram, a não ser que estivésseis por detrás dos acasos improváveis.

Quando olhamos para a história de nosso amor, não invejamos as novelas inventadas. Escrevestes muito bem o roteiro para nós, e não precisamos decorar as falas e os gestos. Vós nos fostes dirigindo por dentro, com sopros de vosso Espírito, e até pensamos que estávamos fazendo tudo sozinhos.

Senhor, provamos o passado, vivemos o agora, e esperamos o que vem confiados só na vossa bondade. Íamos dizer que aceitamos a insegurança do futuro, mas nos lembramos a tempo que, se ele nos vem de vossas mãos, jamais será inseguro. Como crianças, de mãos dadas convosco, vamos pelas estradas, subindo ou descendo, na surpresa das curvas. Aos poucos aprendemos o ritmo de vossos passos, e nossas passadas já se fazem mais amplas para vos acompanhar.

É sempre possível encontrar novas melodias e novos versos. Por isso cremos que podemos fazer nosso amor poema original, canção única, pelo encontro face a face convosco. Cremos até que nosso filme terá final diferente, porque convosco, na certa, seremos felizes para sempre.

# Edna e Raguel

Tobias 8,21

*"Coragem, filho! Eu sou teu pai e Edna é tua mãe. De hoje em diante nós pertencemos a ti e a tua esposa."*

Senhor, compreendemos a alegria de Edna e Raguel. De longe trouxestes para sua filha um esposo, e para eles um filho. Por eles fizestes muito mais do que podiam esperar. Já tivemos alegria igual, quando nos destes nora e genro, e não apenas porque eram promessa de netos. É certo, não foi (ou terá sido?) no primeiro momento que os vimos como mais um filho e mais uma filha. Foi preciso certo tempo, mas agora – sogro e sogra, genro e nora – somos família.

Nós vos agradecemos, Senhor, por essa bênção que nos destes na pessoa de N. e N. Vieram ajudar-nos a ampliar nossa pequena igreja, esta nossa comunidade reunida em torno de Cristo. Eles vieram participar conosco da bênção da alegre fecundidade que nos destes.

Ajudai-nos a ser sogro e sogra que eles possam amar, e olhar como exemplo de vida na vivência do amor matrimonial, paterno e materno. Que saibamos aceitar que sejam diferentes, e tragam para nossa família a riqueza de outras histórias familiares. Afastai-nos da pretensão de querer que suas famílias sejam cópias da nossa.

Que saibamos amar seus filhos, nossos netos, sem esquecer que não são filhos nossos. Ajudai-nos a aceitar que os modelem com traços diferentes dos que sairiam de nossas mãos.

Bendito sejais pela alegria que nos trazem quando nos visitam, e os netos quebram a tranquilidade da casa. Mas, fortalecei suas asas para que voem, para longe se for preciso, e saibam construir seu próprio ninho. E, por fim, ajudai-nos a aceitar que nossos filhos deixem pai e mãe para ir com seu homem e sua mulher.

# Isabel e Zacarias

Lucas 1,5

*"... havia um sacerdote, chamado Zacarias (Deus-lembrou-se), da classe de Abias. Sua esposa era descendente de Aarão e chamava-se Isabel (Meu-Deus-cumpriu)."*

Havia quanto tempo, Senhor, que Isabel e Zacarias estavam casados, que sonhos teriam quando foram para sua casa nas montanhas? Quantas idas a Jerusalém, quantas orações, quantas vezes os dias foram contados e recontados! Que tamanho tinha seu desejo de uma criança que fosse sua? Quando as esperanças tinham morrido e restava só a tranquilidade dos muitos anos, tudo mudou.

Quando nos casamos, quantos sonhos levamos para casa. Hoje vemos que, por vossa bondade, tanto conseguimos realizar, e por isso somos felizes. Outros, porém, ainda esperam sua oportunidade, e muitos outros foram surgindo ao correr da vida. Não impedem nossa felicidade, e até colocam um brilho a mais em nossos dias, obrigando-nos a erguer os olhos para o horizonte. Se dependesse de nós, gostaríamos que todos se cumprissem, mesmo sabendo que outros nasceriam. E com isso aprendemos.

Aprendemos que tendes, Senhor, o momento certo para fazer dos sonhos realidade, e geralmente acabais mostrando que os nossos eram muito pequenos. O importante é esperar e continuar sonhando, como quem vai semeando sempre ao longo das estradas.

Aprendemos que somos feitos de desejos e sonhos – e ser casal é desejar e sonhar dobrado – e por isso, ainda na última hora, com tantos sonhos realizados, outros muitos estarão vindo à tona em nossos lábios ou no marejado dos olhos. E como é bom poder saber que, afinal, todos os nossos sonhos de felicidade, por maiores que sejam, serão realidade quando afinal em vós formos apenas unidade. Principalmente nós dois, que durante tantos anos, dia a dia, estamos tentando cantarolar melodia que seja a nossa, na qual nos reconheçamos e os outros também.

# Ela e Pedro

Mateus 8,14

*"Entrando na casa de Pedro, Jesus viu a sogra deste acamada, com febre."*

Senhor, ao ler essa passagem, não há como não ficarmos curiosos. Como se chamava a mulher que iluminou a vida de Pedro, como se conheceram? Não sabemos sua idade, nem se ainda era viva. Uma coisa, porém, podemos dizer: vós sabíeis por que a colocastes na vida de Pedro, para que um dia Jesus o pudesse escolher para tarefa especial.

Achamos que também vós tínheis em mente uma tarefa especial para nós dois quando cuidastes que nos encontrássemos. Não importa o que pensávamos ou sonhávamos, mas eram decisivos os toques de vossas mãos, como as do garoto que ajeita o barquinho de papel na água que desliza. Achamos que hoje somos um pouco do que imaginastes, e estamos certos que nos levais para o futuro que nos preparais.

Vossas tarefas são todas tarefas de amor; ajudai-nos, então, a muito nos amar, para podermos amar quem, quando, como, onde for necessário para que venha vosso reino. Ao vos fazer esse pedido, temos, sim, um pouco de medo no coração. Medo medroso do que podeis pedir ao nosso amor conjugal, medo medroso que nos queirais tirar um pouco do gozo tranquilo que até agora nos destes.

Dai-nos coragem de arriscar. Se nos prendermos ao que conhecemos, estamos escolhendo a segurança dos becos e abandonando a esperança das estradas, firmando os pés no chão e renunciando às asas para os voos novos.

Senhor, parece que não temos escolha. Se queremos ter vida, amor, futuro, felicidade e paz, só nos resta estarmos prontos quando passardes chamando. Tranquilos por saber que os que unistes no amor nunca havereis de separar. Não duvidamos nem um pouco: por onde Pedro andou, Ela estava sempre em seu coração. E, na cruz, tão longe de Cafarnaum, seu último pensamento deve ter sido para Ela e para Jesus.

# Maria e Cléofas

Lucas 24,18

*"... e um deles, chamado Cléofas, disse-lhe: 'És tu o único peregrino em Jerusalém que não sabe o que lá aconteceu nestes dias?'"\**

Senhor, imaginamos como Maria e Cléofas viveram aquele final de semana da morte de Jesus. Como em seu coração alternavam-se tristeza e desilusão, insegurança e incerteza quanto ao como viveriam dali em diante. Pela estrada, falavam de lembranças, de como tanta coisa linda tinha acabado depressa. Podemos dizer que muitas vezes assim acontece em nossa vida, quando nos sentimos sós, tristes, quase desiludidos dos sonhos que tínhamos sonhado. Podemos dizer, porém, que outras tantas vezes alguém se aproximou de nós com palavras e gestos que nos ajudaram a

---

\* Nada impede que vejamos os dois discípulos como um casal voltando para casa. Se ele era Cléofas, por que não seria ela Maria de Cléofas, que estava ao pé da cruz (Jo 19,25)?

retomar o rumo. Era apenas alguém, que nos alcançava no momento certo. Agora sabemos que esse alguém éreis vós, presente mas oculto nos que nos rodeiam. Como nos ajudastes nesses momentos de incerteza, ensinando-nos a ler nos acontecimentos as marcas de vosso amor, fazendo que houvesse luz onde antes era tudo indefinido!

De agora em diante, Senhor, jamais nos sentiremos sozinhos no caminho. Sabemos que estareis sempre ao nosso lado, acompanhando nossos curtos passos, ou obrigando-nos a esticá-los. Tudo será mais fácil, mesmo que seja ardente o sol, poeirenta a estrada e íngreme a ladeira. Falando-nos mansamente – às vezes na voz de um de nós dois – tornais um pouco mais transparente vosso plano divino para nossa vida, mostrais como em tudo se esconde vosso amor por nós, como podemos avançar superando pedras e atoleiros.

Caminhando e falando conosco, mantereis vivo e atiçareis o fogo que nos pusestes no coração, esse amor que não vem de nós, mas nos amarra com laços de gratuidade. Convidado estareis sempre em nossa casa, a partir o pão para nós e os nossos, pão que sois vós mesmo. Não vamos dizer que vos reconheceremos ao partir o pão, porque parece que já aprendemos a vos reconhecer sob os vossos disfarces.

# Salomé e Zebedeu

Mateus 20,20

*"A mãe dos filhos de Zebedeu, com seus filhos, aproximou-se de Jesus e prostrou-se para lhe fazer um pedido"* (veja também Marcos 15,40).

Senhor, com certeza a iniciativa não foi só de Salomé, mas também de Zebedeu. Não é só a mãe que se interessa pelo futuro dos filhos. Ainda que os outros discípulos não tenham gostado, admiramos o amor que estava por detrás do pedido. E achamos que até vós, no fundo no fundo, admirastes o amor do casal que, mesmo com suas limitações, pedia o que julgava ser o melhor para os filhos.

Vós pusestes o amor em nosso coração de casal, por isso amamos os filhos antes ainda que existissem, e por amor os acolhemos na vida. Não haveis, então, de estranhar que queiramos para eles o melhor. É verdade que nem sempre o melhor que imaginamos é o melhor para eles, mas temos certeza que apesar disso lhes dareis o melhor que vosso amor, muito maior que o nosso, lhes possa dar.

Ao vosso amor, pois, confiamos essas criaturas, que serão sempre nossas crianças, não importam os anos. Guardai-as quando não estivermos por perto, e mesmo quando já nem estivermos por aqui. De vez em quando nos preocupamos com seu presente e seu futuro, até lembramos que mais do que nós vos preocupais com elas. E então nos tranquilizamos, sabendo que estão em boas mãos.

Por falar nisso, hoje queremos agradecer essas *crianças* que nos confiastes. De um modo ou de outro, trouxeram alegria e realização para nossa vida, obrigaram-nos a crescer, a amar sem nada esperar em troca, a cuidar sem prender, e a refazer uma a uma todas as etapas de nossa vida.

Voltando ao assunto, Senhor, hoje queremos pedir tudo de bom para nossos filhos, o melhor mesmo que vossa sabedoria bem sabe qual é. Guardai-os sempre, não permitais que escapem de vossa mão. Dai-lhes felicidade e alegria, coragem e muito amor, para que façam melhor o mundo que lhes entregamos.

# Ela e Jairo

Lucas 8,41

*"Veio, então, um homem chamado Jairo [...]. Sua filha única, de doze anos, estava nas últimas."*

Ela não vos foi procurar, Jesus; estava junto à cama da menina, mas seu coração foi com Jairo, com o mesmo medo, o mesmo amor e a mesma esperança. Podemos imaginar o que agitava o coração de ambos. Sabemos como são longas as horas marcadas pela doença de um filho, como atormenta o receio do pior.

Hoje vos queremos pedir, Senhor, por todas as Elas e todos os Jairos que, pelo mundo afora, se angustiam ao ver a doença de um filho, de qualquer idade que seja, e que recorrem a vós. Com eles queremos pedir a cura desse filho, a quem tanto amam, e a quem vós amais ainda mais. Tranquilizai seu coração, aumentai sua fé e sua esperança, ajudai-os a conseguir os recursos adequados da medicina. Vós que também experimentastes a dor da perda, consolai-os se a morte vier pôr fim às esperanças de agora, para que vivam na esperança do sempre.

Segurando a mão da menina mandastes que se erguesse. Bem podemos imaginar como brilharam os olhos de Ela e Jairo, o sorriso que se abriu em seu rosto. Só não podemos imaginar o que vos disseram, Senhor. E bem que gostaríamos de saber essas palavras, porque também ficamos sem saber o que dizer depois que tantas vezes ouvistes nossos pedidos. É verdade. Quantas vezes vos procuramos em situações sérias e difíceis, outras vezes apavorados por uma sombra de febre que mal fazia o termômetro subir. Sempre nos destes a coragem necessária e nos guiastes na procura de recursos.

Aos poucos, os netos é que nos trazem sustos, sem que diminua nossa preocupação pelos que afinal continuam sendo sempre nossas crianças. Continuai conosco, porque precisamos continuamente de vossa ajuda para sermos pai e mãe como achais que devemos ser, ao mesmo tempo que aprendemos a arte nova de ser avós.

# Priscila e Aquilas

1Coríntios 16,19

*"Priscila e Aquilas, junto dos quais estou hospedado, saúdam-vos efusivamente no Senhor com sua igreja doméstica."*

Não sabemos por que, Senhor, mas Priscila e Aquilas parecem-nos um casal mais perto de nós. Talvez porque fossem fabricantes de tendas, vivendo do trabalho de suas mãos. Mas um casal bem mais ativo que nós. Tinham fugido de Roma, e na sua casa em Corinto reunia-se a Igreja. Paulo morou com eles. Era um casal maduro na fé, capaz de ensinar a verdade do Evangelho (Atos 18,26).

Olhando para Priscila e Aquilas, temos muito a vos pedir. Fazei-nos participantes ativos de vossa Igreja, comprometidos, prontos a fazer o que for necessário. Que nosso lar esteja aberto para os que vos procuram e querem conosco viver vossas propostas. Dai-nos firmeza para sermos, em ambientes menos favoráveis, amostra do que quereis que seja um casal, comprometidos sem retorno com o amor conjugal e com a caridade fraterna. E, se os tempos se tornarem perigosos, dai-nos a coragem necessária para nos arriscar como eles o fizeram.

Paulo diz que onde Priscila e Aquilas moravam, ali era a Igreja, foco de convergência e de irradiação da fé e da caridade. Se não for pedir demais, Senhor, fazei que também nossa casa seja Igreja, comunidade dos que foram escolhidos, chamados e reunidos por vós. Que junto de nós e de nossos filhos outros muitos possam encontrar acolhida na fé e na caridade. Que nós e nossos filhos, vivendo intensamente como discípulos vossos, estejamos sempre a vos anunciar para todos e em todos os lugares.

Senhor, como a Priscila e Aquilas vós nos chamastes para sermos casal, com missão especial na Igreja e no mundo. Hoje vos queremos pedir que nos ajudeis a viver plenamente nosso amor mútuo no Sacramento do matrimônio, e que mostremos, diante de tantos casais desiludidos, que o amor é possível, é felicidade e salvação.

Amém.

# Maria e José

Lucas 1,26-27

*"O anjo Gabriel foi enviado por Deus [...] a uma virgem prometida em casamento a um homem de nome José..."*

Maria e José, casal que viveu o amor como nenhum outro jamais, obrigam-nos a pensar, Senhor. Tinham sonhos, imaginavam uma vida, e a vossa mensagem veio e eles aceitaram que tudo fosse diferente. Muito melhor, mas diferente. Ficamos pensando como haveremos de reagir quando nos tomares pela mão e nos levares por caminhos nunca imaginados. Pedimos que nosso amor, como o deles, cresça como sobe o pássaro levado pelas lufadas imprevistas.

Estivemos pensando no que se disseram quando o menino nasceu no desamparo daquela noite, ou quando já eram três e tiveram de tomar a estrada para longe. Imaginamos como foi preciso ir encontrando seu jeito de viver o amor, dele fazendo caminho para o Senhor, e jeito de dizer a todos como a vida pode ser vivida.

Olhando para o casal Maria e José, descobrimos as vertigens das alturas e dos abismos, do quanto é possível um casal amar-se e do quanto nos falta para começar a amar sem reservas. Que inveja temos deles, de Maria, a esposa que mais amou e mais amada foi; de José, que para amar tinha a mais amável de todas, e a mais amante também. Olhando para eles, vós podíeis ver o amor que tínheis imaginado para o paraíso.

Senhor, hoje vos queremos pedir apenas o que sempre quisestes para nós dois. Que se realize em nós pelo menos um pouco, se não for possível tudo, do casal que pensastes quando nos chamastes para o amor. Que possamos continuar sempre de mãos dadas, no passar e no envelhecer dos dias. E como seria bom se, no último momento de quem se for primeiro, pudermos estar ainda de mãos entrelaçadas, agarradas, até que uma enfim se distenda na paz. Como foi, imaginamos, com as mãos de Maria e José.

# Casal amigo,

Há muitos outros casais nas páginas da Bíblia, alguns santos, outros pecadores e frágeis, com suas histórias cheias de alegria ou dor, de força e de misérias. Desde o primeiro casal, as histórias não são muito diferentes das aventuras que hoje vocês vivem. Relendo e meditando essas histórias, poderão encontrar muito consolo, muita sabedoria e muita esperança. Convido-os a orar essas histórias de maneira sempre nova, conforme as novidades que a vida lhes reservar.

E quem sabe, poderiam agora escrever sua própria oração vivida. Prontos a reescrevê-la muitas outras vezes. Daqui a não sei quanto tempo, seus filhos e netos poderiam colocar, ao lado dos casais bíblicos, sua própria história de amor, coragem e esperança.

# Ele e nós dois

*Índice*

Eva e Adão *(Gênesis 1–2)* ................................. 9

Ela e Noé *(Gênesis 8–9)* ................................. 11

Sara e Abraão *(Gênesis, 12–21)* ..................... 13

Melca e Nacor *(Gênesis 11,29)* ...................... 15

Rebeca e Isaac *(Gênesis 24,67)* ...................... 17

Raquel e Jacó *(Gênesis 29,18)* ....................... 19

Asenet e José *(Gênesis 41,45)* ....................... 21

Jocabed e Amram *(Êxodo 6,20; Nm 26,59)* .... 23

Séfora e Moisés *(Êxodo 2,21; 18,2)* ............... 25

Isabel e Aarão *(Êxodo 6,23)* .......................... 27

Débora e Lapidot *(Juízes 4,4)* ....................... 29

Ela e Manué *(Juízes 13,6-8)* .......................... 31

Noemi e Elimelec *(Rute 1)* ............................ 33

Rute e Booz *(Rute 2–4)* ................................. 35

Ana e Elcana *(1Samuel 1,8)*.................... 37

Ana e Tobit *(Tobias 1,9)* ...................... 39

Ela e Isaías *(Isaías 8,18)*..................... 41

Ela e Ezequiel *(Ezequiel 24,16)* ............ 43

Susana e Joaquim *(Daniel 13)*............... 45

Tobias e Sara *(Tobias 6,20)* .................. 47

Edna e Raguel *(Tobias 8,21)*................. 49

Isabel e Zacarias *(Lucas 1,5)* ................ 51

Ela e Pedro *(Mateus 8,14)*..................... 53

Maria e Cléofas *(Lucas 24,18)* .............. 55

Salomé e Zebedeu *(Mateus 20,20)*.......... 57

Ela e Jairo *(Lucas 8,41)* ....................... 59

Priscila e Aquilas *(1Coríntios 16,19)*....... 61

Maria e José *(Lucas 1,26-27)* ................ 63